NEW YORK POST

Bronze Su Doku

NEW YORK POST

Bronze Su Doku

150 Very Easy Puzzles

Compiled by Wayne Gould

Collins
An Imprint of HarperCollinsPublishers

New York Post trademark owned by NYP Holdings, Inc.

HarperCollins books may be purchased for educational, business, or sales promotional use. For information please write: Special Markets Department, HarperCollins Publishers, 10 East 53rd Street, New York, NY 10022.

FIRST EDITION

ISBN-13: 978-0-06-157318-7

08 09 10 11 12 RRD 10 9 8 7 6 5 4 3 2 1

Contents

Introduction

Since its launch in *The Times* in November 2004, Su Doku has become one of the most popular features of the paper and an international phenomenon. In a world where time is apparently a precious commodity, it is a testament to the addictive power of the puzzle that so many people can't wait to tackle it on a daily basis and with such intense concentration. *The Times* books, once they appeared in the bestseller lists, haven't budged since, showing their huge popularity with the book-buying public.

Here is a collection of 150 previously unpublished Easy Su Doku puzzles from Wayne Gould, the man who started it all. On the next page, Wayne Gould shows you how to tackle the puzzles so you can join in with the craze right away.

Tips from Wayne Gould

			6				7	
7			1	4	5	6		
2			B	C	3		4	
		1	3			8		D
	6	A		8			9	
		9			7	5		
	7		8					6
		2	7	5	4			8
	5				1			

Where to begin? Anywhere you can!

You could just guess where the numbers go. But if you guessed wrong—and the odds are that you would—you would get yourself in an awful mess. You would be blowing away eraser-dust for hours. It's more fun to use reason and logic to winkle out the numbers' true positions.

Here are some logic techniques to get you started.

Look at the 7s in the leftmost stack of three boxes. There's a 7 in the top box and a 7 in the bottom box, but there's no 7 in the middle box. Bear in mind that the 7 in the top box is also the 7 for all of the first column. And the 7 in the bottom box is also the 7 for all of the second column. So the 7 for the middle box cannot go in columns 1 or 2. It must go in column 3. Within the middle box, column 3 already has two clues entered. In fact, there's only one free cell. That cell (marked A) is the only one that can take the 7.

That technique is called slicing.
Now for slicing-and-dicing.

Look at the 7s in the band across the top of the grid. The leftmost box has its 7 and so does the rightmost box, but the middle box doesn't have its 7 yet. The 7 in the righthand box accounts for all of the top row. The 7 in the lefthand box does the same for the second row, although in fact the second row of the middle box is all filled up with clues, anyway. Using our slicing technique, we know that the 7 must go in cell B or cell C.

It's time to look in the other direction. Look below the middle box, right down to the middle box at the bottom of the grid. That box has a 7, and it's in column 4. There can be only one of each number in a column, so that means the 7 for the top-middle box cannot go in cell B. It must go in cell C.

The numbers you enter become clues to help you make further progress. For example, look again at the 7 we added to cell A. You can write the 7 in, if you like, to make it more obvious that A is now 7. Using slicing-and-dicing, you should be able to add the 7 to the rightmost box in the middle band. Perhaps D stands for Destination.

If you have never solved a Su Doku puzzle before, those techniques are all you need to get started. Good luck.

Puzzles

1

2					5	7		9
		3	7	6		2		
9	4		1				5	
6				3		5	7	
	2		9	8	6		4	
	1	4		7				8
	7				8		6	5
		6		5	4	3		
5		8	6					1

Very Easy

2

7	9							1
		3		4	6			5
		2		8	1	3	4	
	8	6	4		3			
	7	5				1	3	
			5		7	9	6	
	2	8	6	7		4		
5			2	9		8		
4							5	7

		3		5			2	
7	9		3	2			6	
8					1			7
		5		9	3	8	4	
9			7		6			1
	2	8	1	4		9		
5			4					2
	4			1	8		9	5
	1			7		6		

Very Easy

4

		8		6			7	
7	2				3	5	6	
	3		5		9			8
	6	5		8		9		
9			3		1			6
		7		2		4	5	
2			6		4		1	
	5	6	7				9	3
	1			9		6		

		7	9		6	4		
	9		5			1	2	
	3			1	2			8
9		8				6	1	2
			8		1			
6	4	1				5		3
1			6	5			9	
	2	5			8		7	
		9	4		3	8		

Very Easy

6

	1	5	2	9				
9		6	1	4				8
					5	6	9	
4		8	5				1	
	7	3				9	5	
	6				2	8		3
	5	7	6					
1				5	9	3		2
				3	1	4	7	

	9		7			5		
		1		4	5			6
8		2			1	7	9	
	6	9		3				7
	1		4		7		8	
5				1		4	3	
	2	6	5			3		8
9			8	7		2		
		7			6		4	

Very Easy

	9	4		2			8	
		2	4			9	3	5
		3		8	6			
	7		3	1		4		6
	6						7	
5		9		6	4		2	
			1	9		5		
8	1	6			5	7		
	2			3		8	4	

	5	6		9	1	3		
3	7						1	8
		9	2					5
2		7		6	3			
	3		4		9		2	
			7	1		5		4
8					4	2		
9	1						5	7
		3	9	5		4	6	

Very Easy

2	5			9	1			4
				7	4	8		3
	3		6					
8	6			1		5		
1	2		4		7		6	8
		7		6			1	2
					2		3	
4		6	7	5				
3			9	4			5	1

		3	1			8		9
				7	4		6	
5	4						2	1
	1	8		4	6	9		
	6			2			1	
		5	8	9		2	7	
3	9						8	4
	2		5	6				
7		1			3	6		

Very Easy

		6	9	8				4
7	8					5		9
	1		6	5	2		3	
	9		4			6	7	
			1		6			
	2	7			3		5	
	6		7	4	8		9	
3		5					1	7
8				3	1	2		

	9	5				7		
7	4				8	2	1	
			4	6		9		3
3	8			5		1		4
			2		1			
1		6		7			9	2
5		8		3	9			
	1	7	6				8	9
		4				5	6	

Very Easy

4			8	7			9	
8			2	4		6	1	
	7	5			3	8		
		6	5				4	
	1	2				3	7	
	5				9	1		
		7	4			9	5	
	3	9		5	2			6
	4			6	1			2

				5	7	1		
3		9	6					8
	4		2			7		9
	3	8		9		4		7
			3	1	6			
9		5		8		2	3	
8		4			3		5	
7					5	9		1
		2	8	6				

Very Easy

3			2	1		6		
1	8					7		2
	9				3		8	4
	5			6	4	2	9	
		8				5		
	6	1	5	9			7	
2	4		3				1	
8		9					6	7
		5		4	7			3

	2	3		1			6	
9			7	2				4
1	8				9			5
3		1	9			8	2	
		8				5		
	9	5			6	4		3
8			2				5	7
7				3	5			8
	6			4		3	1	

Very Easy

18

	3			8		6	9	
2			5	3				
8	7	9			4	1		
5			9			8		1
		3	4		6	5		
9		1			2			7
		7	1			2	8	6
				2	7			4
	4	2		9			3	

5					6		2	7
3			2	7	4			
		4	9		8	3		
2	6	3				8	1	
	8			9			3	
	7	1				2	5	4
		9	4		1	6		
			7	6	5			3
6	3		8					5

Very Easy

		1	5				3	
3	7			6	2		1	
		6		8		9		7
	1			2				6
	8	7	9		5	1	2	
2				1			8	
1		2		7		4		
	9		1	5			7	8
	6				3	5		

9			8		1			6
	1	2	5		3		4	
		4				3	5	
1	3			2			6	8
			7		8			
5	8			1			2	7
	4	1				9		
	7		1		5	6	3	
3			6		4			2

Very Easy

			7	6		1		5
		8		5	1	3	4	
9	1					2		
2	6				3		1	
4		7				9		8
	5		9				3	2
		6					9	7
	9	4	5	8		6		
7		3		9	4			

6				4	2			
		9	3	7			8	5
	1			6		3		4
	2		8			7		
	3	6				1	5	
		5			9		4	
7		8		9			1	
4	6			8	3	5		
			4	5				2

Very Easy

1		3	5				4	
	2		7			8		3
	4		1				6	2
		8	3		1		9	4
	6						5	
4	1		2		8	7		
2	7				4		8	
5		6			2		7	
	9				5	3		1

2	7		9			4		1
			2		8			5
6		1		7	3	8		
	1	7					4	6
		5		6		9		
8	4					1	5	
		3	7	2		6		4
7			8		9			
5		4			1		8	7

Very Easy

26

3	7			4		8		1
		5	7		8			4
1			9				2	
	8			3		4	1	
9			1		5			7
	1	6		2			9	
	6				2			9
2			8		1	6		
8		3		6			7	2

4			7	3				2
		6		4	1			
		7	2		5	6	1	
	4	8				2		6
2	1						5	7
7		9				8	3	
	3	4	6		8	7		
			1	9		5		
9				7	2			3

Very Easy

3		6	5	2			8	1
2	8		4				5	
					8			7
		8		9			4	3
7			6		3			5
1	3			8		9		
6			3					
	5				9		3	4
9	4			6	1	5		2

	2		6	7		8		
			4			3		7
8	3			1	9			
		2		6			8	1
6		1	3		7	5		4
9	7			8		6		
			5	4			7	8
5		8			2			
		9		3	1		6	

Very Easy

30

	4	6	3		7			5
8						1		3
7				9	2		6	
		1			4		5	
4		9		5		3		6
	7		9			8		
	6		2	1				7
2		8						1
5			8		6	9	3	

	8			7	5	4	9	
7		4		2				
	1	9	6				8	
2	5		8			7		1
4								8
8		1			3		2	6
	6				1	3	5	
				8		6		9
	2	7	5	9			1	

Very Easy

		9	6	4	2			
5		3				4		9
	4	8		3				7
	5		4				7	
8	3		1		9		4	5
	6				7		8	
4				7		8	1	
2		1				6		3
			2	5	1	7		

4				7			5	9
9			1	4	8	3		
	8	2			6			
8	1	7				2		
	3		9		5		7	
		9				6	4	3
			6			9	3	
		6	4	3	1			7
1	5			8				6

Very Easy

6		1		8			3	
9			5					6
		5	3	2		9		
	4						8	3
2	9	8	6		3	1	5	7
1	3						2	
		9		3	4	5		
8					7			2
	6			9		7		4

5					2	9		4
	1		5		9		3	
4			6	3				
8	4		9		3	2	7	
		2				6		
	6	3	2		7		5	8
				9	5			7
	5		4		8		6	
3		8	1					2

Very Easy

36

4		9		3	7			2
	1			9	2		3	
		8				7		5
9	3			7				
7	6		3		5		8	1
				4			7	6
1		6				8		
	4		9	1			5	
2			7	8		6		3

					8	2	1	
6			4	3		5		
8	3	9			1	7		
1		3		8			5	
	7		2	5	3		9	
	9			7		6		2
		7	3			8	2	1
		1		9	6			5
	5	4	8					

Very Easy

9							5	2
		8	2	3		4		
1		7	5		8		6	
5	7		1	6		2		
	1						9	
		6		5	2		7	3
	4		7		5	6		8
		3		1	4	9		
8	9							1

	9		3				2	5
2			8	4		3		
	6	7		1		8		
	2						4	9
7			5		3			1
6	1						5	
		5		9		4	6	
		2		3	6			7
4	7				8		3	

Very Easy

	8	4	7			5		
	9			4	2		7	3
2			1		5			6
	1	7				6		2
	3			5			4	
4		6				8	9	
9			6		7			4
7	6		9	3			5	
		2			8	9	6	

		8	6	9			3	
6	5			2	7		4	
			1		5			7
	7	5				4		2
2	8			5			7	6
3		4				9	1	
9			8		6			
	3		7	4			6	8
	1			3	2	7		

Very Easy

7					9		5	6
4		3		2				
		2	1	8	7	4		
	5						6	7
	2	4	3		5	9	8	
8	3						2	
		5	6	9	4	1		
				1		8		5
9	7		8					3

	8		3	5	4			
1		7				5	2	3
	6				2			9
		4		9			7	
5		9	8		3	2		4
	3			2		1		
2			6				8	
4	5	1				6		7
			1	3	7		5	

Very Easy

44

4	1	3					6	2
9	7		3				1	5
				1	8			7
		5	9		1		2	
		4		2		5		
	2		8		7	3		
5			2	7				
1	8				4		9	6
3	6					7	5	4

	3		2	6			5	
4		2			5			9
		1			9	8	3	
	6	5	8		7			3
3								7
8			5		1	2	4	
	2	8	1			7		
1			9			3		5
	4			2	6		9	

Very Easy

3	8		4		2		5	
		1		6		3		
	6	4			9		1	2
2		6	1					
9	7						4	1
					5	6		7
4	3		2			1	8	
		5		4		2		
	1		5		8		7	9

	4	9	5		6			
	2			3		4	9	
		1			9	8		7
3	7							1
	6		3	2	8		4	
8							5	2
4		6	9			5		
	5	7		6			2	
			1		4	9	7	

Very Easy

	7			5	6	4		
		5	3			7		1
9	8				1		5	
5		8		2			7	
1			7		9			4
	6			8		2		3
	5		6				2	9
2		4			5	6		
		7	9	3			4	

9					7	5		2
	5	2		4		7	1	
3	1				6		9	
8		3	6		4			
	7			2			8	
			1		5	9		7
	3		4				7	5
	4	8		3		6	2	
1		5	7					8

Very Easy

	4		3					2
7	8		2	9		6		
	9	1	5					7
		7		4	3		6	
9	3						4	1
	6		1	5		8		
8					2	4	3	
		9		8	5		1	6
5					7		2	

3		8		7				6
	7				6	4	3	
	4		9		1			8
	9	7		8		2		
5			6		7			9
		6		1		5	7	
7			1		4		2	
	8	4	3				9	
9				2		6		5

Very Easy

7					5			4
	9		1		3	6	8	
	5		8	9				
6	8		4		7	9	3	
		7				1		
	3	4	6		2		5	7
				4	9		2	
	7	5	3		6		1	
2			7					3

5						1		
	8				2	9	7	5
		6	7	5			3	8
	4		5	8			6	
2	9						5	4
	7			3	4		9	
3	6			4	5	7		
8	1	9	6				4	
		4						2

Very Easy

				1		9	4	
5	2	3	6				1	
9			8		7		3	
		4		8		5	7	
2			3		9			8
	1	8		2		4		
	6		5		2			1
	7				1	3	5	4
	3	5		7				

				2	7	9	3	
2		3			4			
9			5	6			7	
3	4		7		1	2		
1		2		9		7		3
		5	6		2		1	8
	8			1	6			9
			8			6		5
	2	9	3	4				

Very Easy

6					9	8		
	8	9		3	7		2	
7					5		4	1
	7	5		8		4		
	4		9		2		1	
		8		1		3	6	
5	1		3					7
	9		5	2		6	3	
		3	4					9

5		6	1	3				4
	4				7		3	
		7		8		5		1
	5			2				3
8		1	3		4	2		9
2				6			1	
9		8		4		1		
	3		6				4	
6				5	9	3		7

Very Easy

8	6	3			9			
1			3			7		4
2				5			8	
6	2	1			5			
7		8	9		4	3		6
			1			2	5	8
	1			4				2
3		6			8			5
			7			6	4	9

9			2					4
	6	4			7	1	3	
	5	8	1			2	9	
	4			7		3		2
			3	5	8			
3		7		6			5	
	3	9			4	6	1	
	2	5	8			7	4	
4					5			9

Very Easy

			4		2	9		6
5	9	8	7					
		4		5				7
4	1	2			8	3		
	7		3		1		9	
		3	5			1	6	2
8				7		6		
					9	5	4	1
3		1	2		4			

61

	5			6		8		4
		3	8			7	2	
	7	9	4					
			2				8	1
7		6	3		9	2		5
9	8				4			
					1	5	9	
	2	5			8	3		
1		7		2			6	

Very Easy

8		3		7		1		
						6	7	8
	2	9	6				5	
		6	9		3			
5		8	1	6	7	9		3
			5		4	8		
	8				6	7	1	
4	7	1						
		2		3		4		5

	5			6		8		
	2	1			9		3	7
6			8		3		5	
	6	2		8		9		
4			6		1			8
		8		2		1	7	
	4		2		5			1
7	8		1			4	9	
		9		7			6	

Very Easy

4					2	3	5	
	2			8	7	1	9	
8		1					6	
			1		9	6		2
	9		7		8		3	
3		8	4		5			
	1					5		3
	5	3	9	4			7	
	8	6	2					1

7		9			1			8
	2			5	8		6	
		8	4			3		1
5	4			3		1		
	7		6		2		5	
		1		8			7	3
4		7			6	8		
	1		8	4			9	
3			9			4		2

Very Easy

	4	6					8	
5		8			6	7		3
7				5	1			9
6			5	2			3	
	3		1		4		6	
	9			6	8			1
2			7	4				6
1		7	9			3		4
	8					2	9	

9			8	2				6
	2					7	5	
	7	1		3	4	9		
		3		8				5
1		9	3	5	2	8		7
5				6		4		
		7	1	9		6	8	
	1	6					7	
4				7	5			2

Very Easy

8	9			2				
	1		8	5			7	9
5			3			4		2
4					1	8	6	
	3	1				9	5	
	8	6	4					3
6		3			2			5
2	5			4	7		1	
				9			4	6

	3	2	8			4		
		1		9				7
5			1		4		3	8
		4	9		7	1		2
	2			8			5	
8		5	6		2	9		
1	7		5		9			3
9				2		7		
		3			6	8	4	

Very Easy

3		2		7	8			1
		7	3	4				
					6		5	7
8		5	1		4		6	
2	9						1	4
	4		9		5	2		3
9	7		6					
				5	7	9		
6			4	9		8		2

3		7	2		5	6	8	9
	4			3	7		5	
9								3
2		5	6			4		
			5		1			
		9			3	2		5
4								1
	2		3	9			7	
6	7	8	1		2	9		4

Very Easy

		2	8	9			6	
1					4	5		
	5	7			2	3		9
	8	4	2		3			6
9				5				8
6			9		1	4	7	
4		5	3			7	9	
		8	5					3
	3			6	7	8		

	7			1				9
		5	8			7		1
6	9			3		5	2	
2				7	4	6		
	3			5			4	
		6	1	8				3
	1	8		4			5	7
7		2			1	3		
3				2			9	

Very Easy

74

3			6	2			8	
	7	6			1		9	
	8	4		7		2	5	
		5			8			2
7	1						6	9
4			1			5		
	9	7		6		1	2	
	3		5			9	4	
	4			8	2			3

			1			6		
	2			5	8		3	
3		9			2	4		
	4	5	3	1	7			9
	3		2		6		4	
2			4	8	5	3	7	
		3	7			8		4
	7		8	6			1	
		1			9			

Very Easy

7			3			1		2
		4			1	5		
1	2			7	9		4	
	3	8	7		5			6
		7				2		
2			4		6	8	7	
	4		6	5			3	1
		9	1			6		
6		3			4			5

2			4	6				
1		8		2			3	
	3			8	7		9	5
9		6					4	2
	1		3		8		5	
7	5					9		1
8	4		7	1			6	
	2			3		8		9
				5	9			7

Very Easy

		3	5		4	9		7
	2		1			6		3
		8		3			1	
			4	7		8	9	
5			9		8			2
	4	9		2	3			
	1			5		4		
3		4			1		5	
6		2	8		9	7		

9		2			1			5
	8		4	9			7	
		6		8	5	4		3
1		7					5	
	9	5		2		6	4	
	3					1		9
6		8	3	7		5		
	5			1	4		2	
4			8			9		6

Very Easy

	1	6			4		5	2
4	8			9			1	6
			3			7		
5		4	7	6			9	
7								8
	3			2	1	6		7
		3			2			
1	7			8			6	5
9	5		6			2	3	

		1	9		3		4	
3	5		8		2	9	7	
	2							6
5	7		1		6		2	3
1	4		5		7		8	9
2							9	
	6	4	3		9		1	2
	3		4		1	5		

Very Easy

82

	6			2		9		
		1			8	7		3
3		9	4	5		2		
5	9				6	8		1
8								2
2		3	7				4	5
		7		6	3	4		8
1		8	9			5		
		2		7			3	

		4				7	6	9
9	8		2	6			4	
		7			5		8	
3				1	4	2		
1		2				8		7
		9	3	7				6
	3		9			1		
	9			4	8		7	3
4	6	5				9		

Very Easy

9	6			8	1			4
	4	2		5			3	1
			3				9	
8				9		2		
2	1		8		5		6	7
		4		7				8
	3				2			
6	9			3		1	5	
5			9	6			7	3

		3	2		9		4	
7	5	8			6		3	
				7			1	8
4	8		6		2			3
		5				1		
9			7		8		5	6
3	1			2				
	2		3			8	6	7
	9		4		5	3		

Very Easy

			1	2				
	4				3		7	8
9		7			4	5	1	2
		2		8		3	5	
	9		4		5		8	
	5	4		3		1		
3	7	8	2			9		6
1	6		3				2	
				7	6			

		7		9	6			5
6			7			3		2
4		8					9	
	6		1		5	4		8
	8						2	
1		4	9		7		6	
	4					6		1
8		9			3			7
5			8	1		9		

Very Easy

88

		6		2	8			
5		1			3		9	
	9	7					2	6
3		2			1		8	5
	4						3	
6	8		7			4		9
9	5					1	6	
	6		5			7		8
			2	4		9		

	5	2	9	7				
			6	4		5		8
	8				3			2
		5	2		4		7	3
1	2						8	4
4	9		7		1	6		
3			4				5	
2		9		3	6			
				2	7	3	1	

Very Easy

			2	6		3	4	
		1	9				5	7
8		4		7	3		1	
5	7	9						
3			4		2			9
						8	6	3
	6		3	5		1		2
9	5				7	6		
	1	3		8	4			

				2	1	5	3	
5		3	4					
9		2				1	6	
7			5	3	8		9	
1			6		2			7
	8		1	7	4			6
	2	6				9		5
					9	8		3
	9	7	3	1				

Very Easy

5	7	4		6			9	
		1			8	2		
			9		4		7	1
4	1		5					3
		8	3		9	1		
7					6		5	4
9	3		6		5			
		2	1			7		
	6			2		8	3	9

7		8			2			9
		1	8	3	6	7		
	4						5	3
5	1			2			9	
	9		1		7		8	
	2			9			6	4
4	8						3	
		3	9	6	5	4		
2			3			9		1

Very Easy

	4	5	6	8			9	
7					5			8
		2	9			6		3
	1		2		9	4		7
4				1				6
2		7	4		8		3	
9		1			6	5		
8			5					2
	2			4	3	8	1	

		8	9		7		1	
3			5				9	4
9	6		2			5		3
				6		2	3	
2			4		1			7
	9	5		7				
4		1			8		2	6
7	2				3			8
	3		1		5	4		

Very Easy

		5	6	9			2	
8	1			3			9	
		3			4	7		1
		7	4		8		3	
	8			7			6	
	4		9		2	1		
9		4	5			2		
	6			4			7	8
	2			1	6	5		

				6	4			
	2	1				7		5
3		7			5		8	9
1		4	8	7				6
	5	3				8	4	
8				5	2	9		1
9	1		3			6		4
6		5				2	7	
			5	8				

Very Easy

8		9		3			6	4
	3		5			1		
					7	9		2
	5	6	8			7		
	4		2		1		9	
		8			3	4	5	
3		5	6					
		7			4		1	
2	9			1		8		6

		5	1		6			8
8				3		2	4	
2	7		9			6		
	9	4		1		8		2
			4		7			
3		7		6		9	1	
		1			4		9	3
	6	8		5				7
5			2		1	4		

Very Easy

		8		1	2		4	
2			3		4	5		
	9			7				6
7	6		1		3		9	
5		1				7		3
	4		7		6		5	2
8				6			2	
		5	9		1			4
	3		5	2		6		

	7	6		4			3	
9			7			6		8
	3		1		8			2
		3		2		8	5	
6			3		9			4
	9	2		8		7		
2			5		3		1	
7		9			4			6
	1			7		2	9	

Very Easy

2				3	8	7		
3	8		1			6	5	
		4		6			9	
9		8		5	7		4	
	6						7	
	1		4	9		2		8
	3			2		4		
	9	2			3		6	1
		7	6	8				9

		3		5		7	6	
	8	6	2				1	
	1		3				2	5
			1		5		4	3
	9			2			8	
3	6		9		4			
1	2				7		9	
	3				8	4	7	
	5	8		9		6		

Very Easy

	4			2		1		
		2	3	9	1		8	
9							6	5
		1			2		5	7
4	2						9	8
7	8		5			3		
1	7							3
	3		2	1	8	9		
		6		5			4	

4			1					6
	3		8	6		7	2	
	6	5			4	9		
		6		1			4	8
	9		5		8		7	
1	8			7		2		
		8	2			1	3	
	1	7		9	6		5	
5					1			7

Very Easy

			9			1	4	
9			3		6	8		
4	6	8			2	5		
	4	5	7		1		2	8
8	7		5		3	4	6	
		2	6			3	9	7
		4	8		7			5
	1	3			5			

			6	9	1			7
	3				4		9	6
2				5		8	1	
8	1			3	2	7		
		4				2		
		9	7	6			5	1
	7	3		4				5
6	8		1				4	
5			9	8	3			

Very Easy

6			9				8	7
5					3	1		
	8		1	7	6			
	4	2		6		8		1
		8	4		2	7		
3		9		1		5	4	
			6	9	1		7	
		4	2					3
8	7				5			9

9	5				1		7	3
1			8			2		4
	7		3	5				
4			7		9	6	8	
		5		8		3		
	8	6	5		4			1
				1	8		2	
6		9			3			8
2	1		4				3	7

Very Easy

		9	5		4		8	
3	6		7				5	2
	7			6	2			
2		1	6			4		
4		7				8		6
		6			3	9		1
			8	2			9	
6	8				9		1	3
	4		3		5	7		

1				3	6		9	5
7			2			4		
	5	2		8		6		
4			9		3		5	
2		5				3		6
	8		5		7			4
		1		5		7	2	
		4			9			3
3	7		6	1				8

Very Easy

			6			5	9	
2		3		5				
	1		8		2		3	7
		4		7	9	6		8
7	6						2	4
8		5	4	2		1		
9	4		5		7		8	
				1		9		6
	8	2			3			

		8				2	3	
9		7	5	4		1		
5	3		6		8		4	
8	4				5	6		
			3		1			
		6	7				5	2
	8		1		2		6	7
		2		7	9	4		3
	1	9				5		

Very Easy

	2		1		3	6		
			5			2		7
8		4		7			9	1
2		1	8	4				
9	3						6	5
				6	9	1		8
4	7			5		9		3
3		5			2			
		6	9		7		4	

	2	1	8		5		7	
7			4					5
				9	1			2
4		2		8			9	1
		8	3		7	5		
5	6			4		3		8
6			2	7				
1					3			9
	5		9		8	4	6	

Very Easy

		4	2	6				7
		1	5	8	9		4	
	6		1					3
6	9			3		5		
5	2						8	4
		7		2			6	9
9					8		1	
	8		7	9	1	2		
3				4	2	9		

	1	6			9			2
				6		7		
4			5		1	3	9	
	3		9		2			8
1	8						3	9
2			3		4		6	
	6	7	8		5			1
		2		9				
8			7			5	4	

Very Easy

			5	7		8	6	
5	9			8			2	
6			9		1			
		3		1		6		4
7	1		8		4		9	3
4		2		5		1		
			7		3			2
	4			2			8	6
	7	1		4	8			

		9		5	4	3		7
2			6					
	1	7			8	6	5	
	4	2		1				9
	3	5				2	7	
1				7		4	8	
	6	8	3			7	9	
					6			5
4		1	9	2		8		

Very Easy

8				5	7			6
	2				8	1	5	
	9	4	6			3		
1	6			9		2		
3			8		5			4
		8		2			7	5
		6			1	5	9	
	3	1	5				6	
7			2	3				1

3	9			2				6
			9			3		
	4	1			8	5	7	
	8			3		7		
	5	3	8	1	7	4	6	
		2		5			8	
	2	4	6			8	9	
		5			2			
6				8			1	7

Very Easy

	5				6		8	2
4			7		8	1		
6			3	4			5	
1		8				9	2	3
	6						1	
9	3	7				5		4
	7			1	4			5
		9	6		3			8
3	2		9				7	

8				2		3	4	6
		3	1		8		2	
9		7			6			
5		4			7		8	3
			5		2			
7	8		9			6		1
			8			4		5
	6		3		5	1		
3	1	5		9				7

Very Easy

5					4	3		2
	3	4	2				5	
2				6	3		8	
4		2		7			1	
		3	8		9	2		
	9			1		8		6
	5		4	3				8
	2				8	6	9	
8		1	9					7

8	1			7				
	5	9			3	7	6	8
6	2			5	4			
7				3	5			4
		8				6		
9			4	8				7
			5	4			7	9
5	9	1	3			4	8	
				2			1	6

Very Easy

1		3	7			5		8
				9	5			
5		4	2			6		9
	6			4		1		7
	1		3		8		6	
2		9		1			5	
3		8			6	2		5
			4	2				
6		2			9	4		3

4			3			5		
3	1	8			2			
2					1	9	8	
			1	8	7	6	4	
6	8						1	9
	5	7	4	9	6			
	9	3	8					6
			5			3	7	4
		6			3			2

Very Easy

	2	5		6		9	7	
7		3			9			1
8				1			4	2
	5		3		1			
6		9				1		4
			6		4		2	
4	7			2				9
5			9			4		8
	3	1		4		2	6	

3	8		9			2		4
			7	6				1
5		1			4	6		
		4		2			8	6
	5		3		7		2	
1	2			4		3		
		3	6			9		2
4				8	2			
2		7			3		1	5

Very Easy

3	2		1		4		7	5
7		4	5					9
			8				2	
4			6		2	9	3	7
				4				
8	7	6	3		9			2
	4				8			
5					3	7		1
1	9		2		5		4	6

		9	2			1	3	
4		7		9		8		
8			1	6				
	4		8		6	3		2
	3						7	
1		2	5		4		9	
				8	3			5
		6		5		9		1
	5	4			9	7		

Very Easy

		6	1			5	7	
5	9			2		8		
	7			3	4		2	
7	8		9			6		
			3	1	2			
		4			6		9	5
	3		8	5			6	
		5		7			4	9
	2	1			3	7		

					8	6	9	
8	5		7	2			1	
3		4		1		8		
7				9			5	
	6	1	3		5	2	8	
	2			7				6
		9		8		5		1
	3			6	4		2	9
	4	2	9					

Very Easy

2	1		5	8	9			3
				2			1	
6		9			4			7
9	4		3			5		
		2		6		1		
		8			5		7	9
7			4			3		8
	2			5				
3			8	1	7		4	6

5			4		7		6	8
8		6	1					
		2	9			5	7	
9			2		4	1	8	3
3	8	1	5		9			4
	6	3			1	8		
					5	7		2
7	9		3		8			6

Very Easy

1						4	8	9
				2	8	1		
	3	4			6			
	1	6	3				5	8
4			5		9			7
2	9				1	3	4	
			9			6	7	
		8	2	3				
9	5	7						2

	2	7	9		4			3
		6	7					8
4		9			5	1		
8	7			6	2	5	4	
	4	3	8	5			1	7
		2	5			9		1
5					3	7		
9			1		6	8	2	

Very Easy

				3		7	4	
6		1			2			
2			4	9	8		6	
	7	6		1		2		
8		5	9		7	4		3
		9		4		8	7	
	9		3	2	6			5
			5			3		7
	8	3		7				

	9			5		6	8	
5					7			3
8		4	6	2			7	
		7		9	5	3		
4	5						1	8
		6	4	1		7		
	7			6	3	5		2
2			8					6
	1	3		4			9	

Very Easy

1	2	4	3	9				
					6	1	7	3
		7	8		1			
	1			4		7		2
4			6		9			5
5		8		3			6	
			1		3	2		
9	3	6	2					
				7	5	8	3	6

	7				6	5		
	8	6	7				4	9
1				8	9		3	
3		5		9			1	
		7	6		8	2		
	9			7		4		5
	4		1	2				6
8	5				7	3	2	
		2	8				7	

Very Easy

8					9	6		2
	5	9	1			7	4	
6	4			3			9	
3				5			6	
		4	2		3	5		
	1			6				9
	7			9			5	8
	9	3			8	1	7	
1		2	4					6

7			3	6	4	9		2
	8		5					7
		3				5	6	
6	4				9	3		
	5		4		7		1	
		9	1				2	8
	9	2				7		
5					3		4	
1		4	8	7	5			6

Very Easy

	1			2	5	9	7	
3		4						
	7		6			8	4	
6				9	3	5		
	4		8		6		3	
		5	1	7				2
	2	9			1		5	
						1		7
	5	8	9	4			2	

9	2		8			1		7
		4			6			3
7		8			4	5	2	
	1	9		8				4
			4	9	5			
5				7		6	9	
	7	5	1			8		2
6			2			3		
2		3			7		1	9

Very Easy

			2		5			7
	7	2				1	3	
		9		8	1		6	
5		3	4				9	
	1	8	6		9	5	7	
	9				8	2		4
	3		1	4		8		
	4	6				7	5	
9			5		2			

	5		7	9			3	
6		1			2			8
9			1				6	5
4	7		6	3		5		
		2				6		
		3		2	8		1	9
3	9				4			7
8			3			4		1
	1			5	9		2	

Very Easy

4					3	6		2
	2		1		7		5	
6		8	4			9		
8	3		5		1	2	4	
	6	2	8		4		7	5
		4			9	1		3
	7		2		6		8	
5		6	3					4

6			7	4		9		2
	4				8	7	6	
2	8			6	5			
	2	1						3
8		4		9		1		7
5						8	2	
			5	8			4	9
	7	8	6				3	
9		6		1	3			8

Very Easy

	3	2	6				9	
6			9		4	8		7
	8			3				1
	7		8		6		1	9
		1		7		6		
5	4		3		9		8	
1				5			7	
9		7	1		8			4
	6				2	1	5	

Solutions

1

2	6	1	8	4	5	7	3	9
8	5	3	7	6	9	2	1	4
9	4	7	1	2	3	8	5	6
6	8	9	4	3	1	5	7	2
7	2	5	9	8	6	1	4	3
3	1	4	5	7	2	6	9	8
4	7	2	3	1	8	9	6	5
1	9	6	2	5	4	3	8	7
5	3	8	6	9	7	4	2	1

2

7	9	4	3	5	2	6	8	1
8	1	3	9	4	6	7	2	5
6	5	2	7	8	1	3	4	9
9	8	6	4	1	3	5	7	2
2	7	5	8	6	9	1	3	4
3	4	1	5	2	7	9	6	8
1	2	8	6	7	5	4	9	3
5	3	7	2	9	4	8	1	6
4	6	9	1	3	8	2	5	7

3

4	6	3	8	5	7	1	2	9
7	9	1	3	2	4	5	6	8
8	5	2	9	6	1	4	3	7
1	7	5	2	9	3	8	4	6
9	3	4	7	8	6	2	5	1
6	2	8	1	4	5	9	7	3
5	8	6	4	3	9	7	1	2
2	4	7	6	1	8	3	9	5
3	1	9	5	7	2	6	8	4

4

5	9	8	1	6	2	3	7	4
7	2	1	8	4	3	5	6	9
6	3	4	5	7	9	1	2	8
1	6	5	4	8	7	9	3	2
9	4	2	3	5	1	7	8	6
3	8	7	9	2	6	4	5	1
2	7	9	6	3	4	8	1	5
4	5	6	7	1	8	2	9	3
8	1	3	2	9	5	6	4	7

5

2	1	7	9	8	6	4	3	5
8	9	6	5	3	4	1	2	7
5	3	4	7	1	2	9	6	8
9	7	8	3	4	5	6	1	2
3	5	2	8	6	1	7	4	9
6	4	1	2	7	9	5	8	3
1	8	3	6	5	7	2	9	4
4	2	5	1	9	8	3	7	6
7	6	9	4	2	3	8	5	1

6

8	1	5	2	9	6	7	3	4
9	3	6	1	4	7	5	2	8
7	4	2	3	8	5	6	9	1
4	9	8	5	6	3	2	1	7
2	7	3	4	1	8	9	5	6
5	6	1	9	7	2	8	4	3
3	5	7	6	2	4	1	8	9
1	8	4	7	5	9	3	6	2
6	2	9	8	3	1	4	7	5

7

6	9	4	7	8	2	5	1	3
7	3	1	9	4	5	8	2	6
8	5	2	3	6	1	7	9	4
4	6	9	2	3	8	1	5	7
2	1	3	4	5	7	6	8	9
5	7	8	6	1	9	4	3	2
1	2	6	5	9	4	3	7	8
9	4	5	8	7	3	2	6	1
3	8	7	1	2	6	9	4	5

8

1	9	4	5	2	3	6	8	7
6	8	2	4	7	1	9	3	5
7	5	3	9	8	6	2	1	4
2	7	8	3	1	9	4	5	6
4	6	1	8	5	2	3	7	9
5	3	9	7	6	4	1	2	8
3	4	7	1	9	8	5	6	2
8	1	6	2	4	5	7	9	3
9	2	5	6	3	7	8	4	1

9

4	5	6	8	9	1	3	7	2
3	7	2	6	4	5	9	1	8
1	8	9	2	3	7	6	4	5
2	4	7	5	6	3	1	8	9
5	3	1	4	8	9	7	2	6
6	9	8	7	1	2	5	3	4
8	6	5	1	7	4	2	9	3
9	1	4	3	2	6	8	5	7
7	2	3	9	5	8	4	6	1

10

2	5	8	3	9	1	6	7	4
6	9	1	5	7	4	8	2	3
7	3	4	6	2	8	1	9	5
8	6	3	2	1	9	5	4	7
1	2	5	4	3	7	9	6	8
9	4	7	8	6	5	3	1	2
5	7	9	1	8	2	4	3	6
4	1	6	7	5	3	2	8	9
3	8	2	9	4	6	7	5	1

11

6	7	3	1	5	2	8	4	9
1	8	2	9	7	4	3	6	5
5	4	9	6	3	8	7	2	1
2	1	8	7	4	6	9	5	3
9	6	7	3	2	5	4	1	8
4	3	5	8	9	1	2	7	6
3	9	6	2	1	7	5	8	4
8	2	4	5	6	9	1	3	7
7	5	1	4	8	3	6	9	2

12

5	3	6	9	8	7	1	2	4
7	8	2	3	1	4	5	6	9
9	1	4	6	5	2	7	3	8
1	9	8	4	2	5	6	7	3
4	5	3	1	7	6	9	8	2
6	2	7	8	9	3	4	5	1
2	6	1	7	4	8	3	9	5
3	4	5	2	6	9	8	1	7
8	7	9	5	3	1	2	4	6

13

6	9	5	1	2	3	7	4	8
7	4	3	5	9	8	2	1	6
8	2	1	4	6	7	9	5	3
3	8	2	9	5	6	1	7	4
4	7	9	2	8	1	6	3	5
1	5	6	3	7	4	8	9	2
5	6	8	7	3	9	4	2	1
2	1	7	6	4	5	3	8	9
9	3	4	8	1	2	5	6	7

14

4	2	1	8	7	6	5	9	3
8	9	3	2	4	5	6	1	7
6	7	5	1	9	3	8	2	4
3	8	6	5	1	7	2	4	9
9	1	2	6	8	4	3	7	5
7	5	4	3	2	9	1	6	8
2	6	7	4	3	8	9	5	1
1	3	9	7	5	2	4	8	6
5	4	8	9	6	1	7	3	2

15

2	8	6	9	5	7	1	4	3
3	7	9	6	4	1	5	2	8
5	4	1	2	3	8	7	6	9
6	3	8	5	9	2	4	1	7
4	2	7	3	1	6	8	9	5
9	1	5	7	8	4	2	3	6
8	9	4	1	7	3	6	5	2
7	6	3	4	2	5	9	8	1
1	5	2	8	6	9	3	7	4

16

3	7	4	2	1	8	6	5	9
1	8	6	4	5	9	7	3	2
5	9	2	6	7	3	1	8	4
7	5	3	8	6	4	2	9	1
9	2	8	7	3	1	5	4	6
4	6	1	5	9	2	3	7	8
2	4	7	3	8	6	9	1	5
8	3	9	1	2	5	4	6	7
6	1	5	9	4	7	8	2	3

17

4	2	3	5	1	8	7	6	9
9	5	6	7	2	3	1	8	4
1	8	7	4	6	9	2	3	5
3	7	1	9	5	4	8	2	6
6	4	8	3	7	2	5	9	1
2	9	5	1	8	6	4	7	3
8	3	4	2	9	1	6	5	7
7	1	2	6	3	5	9	4	8
5	6	9	8	4	7	3	1	2

18

4	3	5	7	8	1	6	9	2
2	1	6	5	3	9	4	7	8
8	7	9	2	6	4	1	5	3
5	2	4	9	7	3	8	6	1
7	8	3	4	1	6	5	2	9
9	6	1	8	5	2	3	4	7
3	9	7	1	4	5	2	8	6
6	5	8	3	2	7	9	1	4
1	4	2	6	9	8	7	3	5

19

5	9	8	3	1	6	4	2	7
3	1	6	2	7	4	5	9	8
7	2	4	9	5	8	3	6	1
2	6	3	5	4	7	8	1	9
4	8	5	1	9	2	7	3	6
9	7	1	6	8	3	2	5	4
8	5	9	4	3	1	6	7	2
1	4	2	7	6	5	9	8	3
6	3	7	8	2	9	1	4	5

20

8	4	1	5	9	7	6	3	2
3	7	9	4	6	2	8	1	5
5	2	6	3	8	1	9	4	7
9	1	4	7	2	8	3	5	6
6	8	7	9	3	5	1	2	4
2	3	5	6	1	4	7	8	9
1	5	2	8	7	9	4	6	3
4	9	3	1	5	6	2	7	8
7	6	8	2	4	3	5	9	1

21

9	5	3	8	4	1	2	7	6
7	1	2	5	6	3	8	4	9
8	6	4	9	7	2	3	5	1
1	3	7	4	2	9	5	6	8
4	2	6	7	5	8	1	9	3
5	8	9	3	1	6	4	2	7
6	4	1	2	3	7	9	8	5
2	7	8	1	9	5	6	3	4
3	9	5	6	8	4	7	1	2

22

3	4	2	7	6	9	1	8	5
6	7	8	2	5	1	3	4	9
9	1	5	4	3	8	2	7	6
2	6	9	8	7	3	5	1	4
4	3	7	1	2	5	9	6	8
8	5	1	9	4	6	7	3	2
5	8	6	3	1	2	4	9	7
1	9	4	5	8	7	6	2	3
7	2	3	6	9	4	8	5	1

23

6	8	3	5	4	2	9	7	1
2	4	9	3	7	1	6	8	5
5	1	7	9	6	8	3	2	4
9	2	4	8	1	5	7	3	6
8	3	6	7	2	4	1	5	9
1	7	5	6	3	9	2	4	8
7	5	8	2	9	6	4	1	3
4	6	2	1	8	3	5	9	7
3	9	1	4	5	7	8	6	2

24

1	8	3	5	2	6	9	4	7
6	2	5	7	4	9	8	1	3
9	4	7	1	8	3	5	6	2
7	5	8	3	6	1	2	9	4
3	6	2	4	9	7	1	5	8
4	1	9	2	5	8	7	3	6
2	7	1	9	3	4	6	8	5
5	3	6	8	1	2	4	7	9
8	9	4	6	7	5	3	2	1

25

2	7	8	9	5	6	4	3	1
4	3	9	2	1	8	7	6	5
6	5	1	4	7	3	8	2	9
9	1	7	5	8	2	3	4	6
3	2	5	1	6	4	9	7	8
8	4	6	3	9	7	1	5	2
1	8	3	7	2	5	6	9	4
7	6	2	8	4	9	5	1	3
5	9	4	6	3	1	2	8	7

26

3	7	9	2	4	6	8	5	1
6	2	5	7	1	8	9	3	4
1	4	8	9	5	3	7	2	6
7	8	2	6	3	9	4	1	5
9	3	4	1	8	5	2	6	7
5	1	6	4	2	7	3	9	8
4	6	1	3	7	2	5	8	9
2	5	7	8	9	1	6	4	3
8	9	3	5	6	4	1	7	2

27

4	5	1	7	3	6	9	8	2
8	2	6	9	4	1	3	7	5
3	9	7	2	8	5	6	1	4
5	4	8	3	1	7	2	9	6
2	1	3	8	6	9	4	5	7
7	6	9	5	2	4	8	3	1
1	3	4	6	5	8	7	2	9
6	7	2	1	9	3	5	4	8
9	8	5	4	7	2	1	6	3

28

3	9	6	5	2	7	4	8	1
2	8	7	4	1	6	3	5	9
4	1	5	9	3	8	2	6	7
5	6	8	1	9	2	7	4	3
7	2	9	6	4	3	8	1	5
1	3	4	7	8	5	9	2	6
6	7	2	3	5	4	1	9	8
8	5	1	2	7	9	6	3	4
9	4	3	8	6	1	5	7	2

29

4	2	5	6	7	3	8	1	9
1	9	6	4	5	8	3	2	7
8	3	7	2	1	9	4	5	6
3	5	2	9	6	4	7	8	1
6	8	1	3	2	7	5	9	4
9	7	4	1	8	5	6	3	2
2	1	3	5	4	6	9	7	8
5	6	8	7	9	2	1	4	3
7	4	9	8	3	1	2	6	5

30

1	4	6	3	8	7	2	9	5
8	9	2	4	6	5	1	7	3
7	5	3	1	9	2	4	6	8
3	8	1	6	2	4	7	5	9
4	2	9	7	5	8	3	1	6
6	7	5	9	3	1	8	2	4
9	6	4	2	1	3	5	8	7
2	3	8	5	7	9	6	4	1
5	1	7	8	4	6	9	3	2

33

4	6	1	2	7	3	8	5	9
9	7	5	1	4	8	3	6	2
3	8	2	5	9	6	7	1	4
8	1	7	3	6	4	2	9	5
6	3	4	9	2	5	1	7	8
5	2	9	8	1	7	6	4	3
7	4	8	6	5	2	9	3	1
2	9	6	4	3	1	5	8	7
1	5	3	7	8	9	4	2	6

34

6	7	1	4	8	9	2	3	5
9	2	3	5	7	1	8	4	6
4	8	5	3	2	6	9	7	1
5	4	7	9	1	2	6	8	3
2	9	8	6	4	3	1	5	7
1	3	6	7	5	8	4	2	9
7	1	9	2	3	4	5	6	8
8	5	4	1	6	7	3	9	2
3	6	2	8	9	5	7	1	4

31

6	8	2	1	7	5	4	9	3
7	3	4	9	2	8	1	6	5
5	1	9	6	3	4	2	8	7
2	5	3	8	6	9	7	4	1
4	9	6	2	1	7	5	3	8
8	7	1	4	5	3	9	2	6
9	6	8	7	4	1	3	5	2
1	4	5	3	8	2	6	7	9
3	2	7	5	9	6	8	1	4

32

7	1	9	6	4	2	5	3	8
5	2	3	7	1	8	4	6	9
6	4	8	9	3	5	1	2	7
1	5	2	4	8	3	9	7	6
8	3	7	1	6	9	2	4	5
9	6	4	5	2	7	3	8	1
4	9	5	3	7	6	8	1	2
2	7	1	8	9	4	6	5	3
3	8	6	2	5	1	7	9	4

35

5	3	6	7	8	2	9	1	4
2	1	7	5	4	9	8	3	6
4	8	9	6	3	1	7	2	5
8	4	5	9	6	3	2	7	1
1	7	2	8	5	4	6	9	3
9	6	3	2	1	7	4	5	8
6	2	4	3	9	5	1	8	7
7	5	1	4	2	8	3	6	9
3	9	8	1	7	6	5	4	2

36

4	5	9	8	3	7	1	6	2
6	1	7	5	9	2	4	3	8
3	2	8	4	6	1	7	9	5
9	3	1	6	7	8	5	2	4
7	6	4	3	2	5	9	8	1
5	8	2	1	4	9	3	7	6
1	7	6	2	5	3	8	4	9
8	4	3	9	1	6	2	5	7
2	9	5	7	8	4	6	1	3

37

7	4	5	9	6	8	2	1	3
6	1	2	4	3	7	5	8	9
8	3	9	5	2	1	7	6	4
1	2	3	6	8	9	4	5	7
4	7	6	2	5	3	1	9	8
5	9	8	1	7	4	6	3	2
9	6	7	3	4	5	8	2	1
2	8	1	7	9	6	3	4	5
3	5	4	8	1	2	9	7	6

38

9	3	4	6	7	1	8	5	2
6	5	8	2	3	9	4	1	7
1	2	7	5	4	8	3	6	9
5	7	9	1	6	3	2	8	4
3	1	2	4	8	7	5	9	6
4	8	6	9	5	2	1	7	3
2	4	1	7	9	5	6	3	8
7	6	3	8	1	4	9	2	5
8	9	5	3	2	6	7	4	1

39

8	9	4	3	6	7	1	2	5
2	5	1	8	4	9	3	7	6
3	6	7	2	1	5	8	9	4
5	2	3	6	8	1	7	4	9
7	4	9	5	2	3	6	8	1
6	1	8	9	7	4	2	5	3
1	3	5	7	9	2	4	6	8
9	8	2	4	3	6	5	1	7
4	7	6	1	5	8	9	3	2

40

1	8	4	7	6	3	5	2	9
6	9	5	8	4	2	1	7	3
2	7	3	1	9	5	4	8	6
5	1	7	4	8	9	6	3	2
8	3	9	2	5	6	7	4	1
4	2	6	3	7	1	8	9	5
9	5	8	6	2	7	3	1	4
7	6	1	9	3	4	2	5	8
3	4	2	5	1	8	9	6	7

41

7	2	8	6	9	4	5	3	1
6	5	1	3	2	7	8	4	9
4	9	3	1	8	5	6	2	7
1	7	5	9	6	3	4	8	2
2	8	9	4	5	1	3	7	6
3	6	4	2	7	8	9	1	5
9	4	7	8	1	6	2	5	3
5	3	2	7	4	9	1	6	8
8	1	6	5	3	2	7	9	4

42

7	1	8	4	3	9	2	5	6
4	9	3	5	2	6	7	1	8
5	6	2	1	8	7	4	3	9
1	5	9	2	4	8	3	6	7
6	2	4	3	7	5	9	8	1
8	3	7	9	6	1	5	2	4
3	8	5	6	9	4	1	7	2
2	4	6	7	1	3	8	9	5
9	7	1	8	5	2	6	4	3

43

9	8	2	3	5	4	7	1	6
1	4	7	9	6	8	5	2	3
3	6	5	7	1	2	8	4	9
6	2	4	5	9	1	3	7	8
5	1	9	8	7	3	2	6	4
7	3	8	4	2	6	1	9	5
2	7	3	6	4	5	9	8	1
4	5	1	2	8	9	6	3	7
8	9	6	1	3	7	4	5	2

44

4	1	3	7	9	5	8	6	2
9	7	8	3	6	2	4	1	5
2	5	6	4	1	8	9	3	7
7	3	5	9	4	1	6	2	8
8	9	4	6	2	3	5	7	1
6	2	1	8	5	7	3	4	9
5	4	9	2	7	6	1	8	3
1	8	7	5	3	4	2	9	6
3	6	2	1	8	9	7	5	4

45

7	3	9	2	6	8	4	5	1
4	8	2	3	1	5	6	7	9
6	5	1	4	7	9	8	3	2
2	6	5	8	4	7	9	1	3
3	1	4	6	9	2	5	8	7
8	9	7	5	3	1	2	4	6
9	2	8	1	5	3	7	6	4
1	7	6	9	8	4	3	2	5
5	4	3	7	2	6	1	9	8

46

3	8	9	4	1	2	7	5	6
5	2	1	8	6	7	3	9	4
7	6	4	3	5	9	8	1	2
2	5	6	1	7	4	9	3	8
9	7	8	6	2	3	5	4	1
1	4	3	9	8	5	6	2	7
4	3	7	2	9	6	1	8	5
8	9	5	7	4	1	2	6	3
6	1	2	5	3	8	4	7	9

47

7	4	9	5	8	6	2	1	3
6	2	8	7	3	1	4	9	5
5	3	1	2	4	9	8	6	7
3	7	2	4	9	5	6	8	1
1	6	5	3	2	8	7	4	9
8	9	4	6	1	7	3	5	2
4	1	6	9	7	2	5	3	8
9	5	7	8	6	3	1	2	4
2	8	3	1	5	4	9	7	6

48

3	7	1	2	5	6	4	9	8
4	2	5	3	9	8	7	6	1
9	8	6	4	7	1	3	5	2
5	4	8	1	2	3	9	7	6
1	3	2	7	6	9	5	8	4
7	6	9	5	8	4	2	1	3
8	5	3	6	4	7	1	2	9
2	9	4	8	1	5	6	3	7
6	1	7	9	3	2	8	4	5

49

9	8	4	3	1	7	5	6	2
6	5	2	8	4	9	7	1	3
3	1	7	2	5	6	8	9	4
8	9	3	6	7	4	2	5	1
5	7	1	9	2	3	4	8	6
4	2	6	1	8	5	9	3	7
2	3	9	4	6	8	1	7	5
7	4	8	5	3	1	6	2	9
1	6	5	7	9	2	3	4	8

50

6	4	5	3	7	8	1	9	2
7	8	3	2	9	1	6	5	4
2	9	1	5	6	4	3	8	7
1	5	7	8	4	3	2	6	9
9	3	8	7	2	6	5	4	1
4	6	2	1	5	9	8	7	3
8	7	6	9	1	2	4	3	5
3	2	9	4	8	5	7	1	6
5	1	4	6	3	7	9	2	8

51

3	5	8	4	7	2	9	1	6
1	7	9	8	5	6	4	3	2
6	4	2	9	3	1	7	5	8
4	9	7	5	8	3	2	6	1
5	2	1	6	4	7	3	8	9
8	3	6	2	1	9	5	7	4
7	6	5	1	9	4	8	2	3
2	8	4	3	6	5	1	9	7
9	1	3	7	2	8	6	4	5

52

7	1	8	2	6	5	3	9	4
4	9	2	1	7	3	6	8	5
3	5	6	8	9	4	2	7	1
6	8	1	4	5	7	9	3	2
5	2	7	9	3	8	1	4	6
9	3	4	6	1	2	8	5	7
1	6	3	5	4	9	7	2	8
8	7	5	3	2	6	4	1	9
2	4	9	7	8	1	5	6	3

53

5	3	7	4	9	8	1	2	6
4	8	1	3	6	2	9	7	5
9	2	6	7	5	1	4	3	8
1	4	3	5	8	9	2	6	7
2	9	8	1	7	6	3	5	4
6	7	5	2	3	4	8	9	1
3	6	2	8	4	5	7	1	9
8	1	9	6	2	7	5	4	3
7	5	4	9	1	3	6	8	2

54

7	8	6	2	1	3	9	4	5
5	2	3	6	9	4	8	1	7
9	4	1	8	5	7	2	3	6
3	9	4	1	8	6	5	7	2
2	5	7	3	4	9	1	6	8
6	1	8	7	2	5	4	9	3
4	6	9	5	3	2	7	8	1
8	7	2	9	6	1	3	5	4
1	3	5	4	7	8	6	2	9

55

8	5	6	1	2	7	9	3	4
2	7	3	9	8	4	5	6	1
9	1	4	5	6	3	8	7	2
3	4	8	7	5	1	2	9	6
1	6	2	4	9	8	7	5	3
7	9	5	6	3	2	4	1	8
5	8	7	2	1	6	3	4	9
4	3	1	8	7	9	6	2	5
6	2	9	3	4	5	1	8	7

56

6	5	1	2	4	9	8	7	3
4	8	9	1	3	7	5	2	6
7	3	2	8	6	5	9	4	1
1	7	5	6	8	3	4	9	2
3	4	6	9	5	2	7	1	8
9	2	8	7	1	4	3	6	5
5	1	4	3	9	6	2	8	7
8	9	7	5	2	1	6	3	4
2	6	3	4	7	8	1	5	9

57

5	8	6	1	3	2	7	9	4
1	4	2	5	9	7	8	3	6
3	9	7	4	8	6	5	2	1
4	5	9	8	2	1	6	7	3
8	6	1	3	7	4	2	5	9
2	7	3	9	6	5	4	1	8
9	2	8	7	4	3	1	6	5
7	3	5	6	1	8	9	4	2
6	1	4	2	5	9	3	8	7

58

8	6	3	4	7	9	5	2	1
1	9	5	3	8	2	7	6	4
2	7	4	6	5	1	9	8	3
6	2	1	8	3	5	4	9	7
7	5	8	9	2	4	3	1	6
4	3	9	1	6	7	2	5	8
9	1	7	5	4	6	8	3	2
3	4	6	2	9	8	1	7	5
5	8	2	7	1	3	6	4	9

59

9	1	3	2	8	6	5	7	4
2	6	4	5	9	7	1	3	8
7	5	8	1	4	3	2	9	6
5	4	6	9	7	1	3	8	2
1	9	2	3	5	8	4	6	7
3	8	7	4	6	2	9	5	1
8	3	9	7	2	4	6	1	5
6	2	5	8	1	9	7	4	3
4	7	1	6	3	5	8	2	9

60

1	3	7	4	8	2	9	5	6
5	9	8	7	1	6	2	3	4
2	6	4	9	5	3	8	1	7
4	1	2	6	9	8	3	7	5
6	7	5	3	2	1	4	9	8
9	8	3	5	4	7	1	6	2
8	4	9	1	7	5	6	2	3
7	2	6	8	3	9	5	4	1
3	5	1	2	6	4	7	8	9

61

2	5	1	9	6	7	8	3	4
6	4	3	8	1	5	7	2	9
8	7	9	4	3	2	1	5	6
5	3	4	2	7	6	9	8	1
7	1	6	3	8	9	2	4	5
9	8	2	1	5	4	6	7	3
3	6	8	7	4	1	5	9	2
4	2	5	6	9	8	3	1	7
1	9	7	5	2	3	4	6	8

62

8	6	3	4	7	5	1	9	2
1	5	4	3	9	2	6	7	8
7	2	9	6	1	8	3	5	4
2	1	6	9	8	3	5	4	7
5	4	8	1	6	7	9	2	3
9	3	7	5	2	4	8	6	1
3	8	5	2	4	6	7	1	9
4	7	1	8	5	9	2	3	6
6	9	2	7	3	1	4	8	5

63

9	5	3	7	6	2	8	1	4
8	2	1	5	4	9	6	3	7
6	7	4	8	1	3	2	5	9
1	6	2	3	8	7	9	4	5
4	9	7	6	5	1	3	2	8
5	3	8	9	2	4	1	7	6
3	4	6	2	9	5	7	8	1
7	8	5	1	3	6	4	9	2
2	1	9	4	7	8	5	6	3

64

4	7	9	6	1	2	3	5	8
6	2	5	3	8	7	1	9	4
8	3	1	5	9	4	2	6	7
5	4	7	1	3	9	6	8	2
1	9	2	7	6	8	4	3	5
3	6	8	4	2	5	7	1	9
9	1	4	8	7	6	5	2	3
2	5	3	9	4	1	8	7	6
7	8	6	2	5	3	9	4	1

65

7	3	9	2	6	1	5	4	8
1	2	4	3	5	8	7	6	9
6	5	8	4	9	7	3	2	1
5	4	2	7	3	9	1	8	6
8	7	3	6	1	2	9	5	4
9	6	1	5	8	4	2	7	3
4	9	7	1	2	6	8	3	5
2	1	5	8	4	3	6	9	7
3	8	6	9	7	5	4	1	2

66

9	4	6	2	3	7	1	8	5
5	1	8	4	9	6	7	2	3
7	2	3	8	5	1	6	4	9
6	7	1	5	2	9	4	3	8
8	3	5	1	7	4	9	6	2
4	9	2	3	6	8	5	7	1
2	5	9	7	4	3	8	1	6
1	6	7	9	8	2	3	5	4
3	8	4	6	1	5	2	9	7

67

9	3	5	8	2	7	1	4	6
8	2	4	9	1	6	7	5	3
6	7	1	5	3	4	9	2	8
7	6	3	4	8	1	2	9	5
1	4	9	3	5	2	8	6	7
5	8	2	7	6	9	4	3	1
2	5	7	1	9	3	6	8	4
3	1	6	2	4	8	5	7	9
4	9	8	6	7	5	3	1	2

68

8	9	4	7	2	6	5	3	1
3	1	2	8	5	4	6	7	9
5	6	7	3	1	9	4	8	2
4	2	5	9	3	1	8	6	7
7	3	1	2	6	8	9	5	4
9	8	6	4	7	5	1	2	3
6	4	3	1	8	2	7	9	5
2	5	9	6	4	7	3	1	8
1	7	8	5	9	3	2	4	6

69

6	3	2	8	7	5	4	9	1
4	8	1	2	9	3	5	6	7
5	9	7	1	6	4	2	3	8
3	6	4	9	5	7	1	8	2
7	2	9	4	8	1	3	5	6
8	1	5	6	3	2	9	7	4
1	7	8	5	4	9	6	2	3
9	4	6	3	2	8	7	1	5
2	5	3	7	1	6	8	4	9

70

3	6	2	5	7	8	4	9	1
5	1	7	3	4	9	6	2	8
4	8	9	2	1	6	3	5	7
8	3	5	1	2	4	7	6	9
2	9	6	7	8	3	5	1	4
7	4	1	9	6	5	2	8	3
9	7	8	6	3	2	1	4	5
1	2	4	8	5	7	9	3	6
6	5	3	4	9	1	8	7	2

71

3	1	7	2	4	5	6	8	9
8	4	6	9	3	7	1	5	2
9	5	2	8	1	6	7	4	3
2	3	5	6	8	9	4	1	7
7	6	4	5	2	1	3	9	8
1	8	9	4	7	3	2	6	5
4	9	3	7	6	8	5	2	1
5	2	1	3	9	4	8	7	6
6	7	8	1	5	2	9	3	4

72

3	4	2	8	9	5	1	6	7
1	9	6	7	3	4	5	8	2
8	5	7	6	1	2	3	4	9
5	8	4	2	7	3	9	1	6
9	7	1	4	5	6	2	3	8
6	2	3	9	8	1	4	7	5
4	6	5	3	2	8	7	9	1
7	1	8	5	4	9	6	2	3
2	3	9	1	6	7	8	5	4

73

8	7	3	2	1	5	4	6	9
4	2	5	8	6	9	7	3	1
6	9	1	4	3	7	5	2	8
2	8	9	3	7	4	6	1	5
1	3	7	9	5	6	8	4	2
5	4	6	1	8	2	9	7	3
9	1	8	6	4	3	2	5	7
7	6	2	5	9	1	3	8	4
3	5	4	7	2	8	1	9	6

74

3	5	9	6	2	4	7	8	1
2	7	6	8	5	1	3	9	4
1	8	4	3	7	9	2	5	6
9	6	5	7	3	8	4	1	2
7	1	3	2	4	5	8	6	9
4	2	8	1	9	6	5	3	7
8	9	7	4	6	3	1	2	5
6	3	2	5	1	7	9	4	8
5	4	1	9	8	2	6	7	3

75

7	5	8	1	4	3	6	9	2
6	2	4	9	5	8	1	3	7
3	1	9	6	7	2	4	8	5
8	4	5	3	1	7	2	6	9
1	3	7	2	9	6	5	4	8
2	9	6	4	8	5	3	7	1
9	6	3	7	2	1	8	5	4
5	7	2	8	6	4	9	1	3
4	8	1	5	3	9	7	2	6

76

7	9	5	3	4	8	1	6	2
3	8	4	2	6	1	5	9	7
1	2	6	5	7	9	3	4	8
9	3	8	7	2	5	4	1	6
4	6	7	8	1	3	2	5	9
2	5	1	4	9	6	8	7	3
8	4	2	6	5	7	9	3	1
5	7	9	1	3	2	6	8	4
6	1	3	9	8	4	7	2	5

77

2	9	5	4	6	3	1	7	8
1	7	8	9	2	5	6	3	4
6	3	4	1	8	7	2	9	5
9	8	6	5	7	1	3	4	2
4	1	2	3	9	8	7	5	6
7	5	3	2	4	6	9	8	1
8	4	9	7	1	2	5	6	3
5	2	7	6	3	4	8	1	9
3	6	1	8	5	9	4	2	7

78

1	6	3	5	8	4	9	2	7
4	2	5	1	9	7	6	8	3
7	9	8	2	3	6	5	1	4
2	3	1	4	7	5	8	9	6
5	7	6	9	1	8	3	4	2
8	4	9	6	2	3	1	7	5
9	1	7	3	5	2	4	6	8
3	8	4	7	6	1	2	5	9
6	5	2	8	4	9	7	3	1

79

9	4	2	7	3	1	8	6	5
5	8	3	4	9	6	2	7	1
7	1	6	2	8	5	4	9	3
1	6	7	9	4	8	3	5	2
8	9	5	1	2	3	6	4	7
2	3	4	5	6	7	1	8	9
6	2	8	3	7	9	5	1	4
3	5	9	6	1	4	7	2	8
4	7	1	8	5	2	9	3	6

80

3	1	6	8	7	4	9	5	2
4	8	7	2	9	5	3	1	6
2	9	5	3	1	6	7	8	4
5	2	4	7	6	8	1	9	3
7	6	1	4	3	9	5	2	8
8	3	9	5	2	1	6	4	7
6	4	3	1	5	2	8	7	9
1	7	2	9	8	3	4	6	5
9	5	8	6	4	7	2	3	1

81

7	8	1	9	6	3	2	4	5
3	5	6	8	4	2	9	7	1
4	2	9	7	1	5	8	3	6
5	7	8	1	9	6	4	2	3
6	9	3	2	8	4	1	5	7
1	4	2	5	3	7	6	8	9
2	1	5	6	7	8	3	9	4
8	6	4	3	5	9	7	1	2
9	3	7	4	2	1	5	6	8

82

7	6	5	3	2	1	9	8	4
4	2	1	6	9	8	7	5	3
3	8	9	4	5	7	2	1	6
5	9	4	2	3	6	8	7	1
8	7	6	5	1	4	3	9	2
2	1	3	7	8	9	6	4	5
9	5	7	1	6	3	4	2	8
1	3	8	9	4	2	5	6	7
6	4	2	8	7	5	1	3	9

83

5	2	4	1	8	3	7	6	9
9	8	3	2	6	7	5	4	1
6	1	7	4	9	5	3	8	2
3	7	6	8	1	4	2	9	5
1	4	2	6	5	9	8	3	7
8	5	9	3	7	2	4	1	6
7	3	8	9	2	6	1	5	4
2	9	1	5	4	8	6	7	3
4	6	5	7	3	1	9	2	8

84

9	6	3	7	8	1	5	2	4
7	4	2	6	5	9	8	3	1
1	8	5	3	2	4	7	9	6
8	7	6	1	9	3	2	4	5
2	1	9	8	4	5	3	6	7
3	5	4	2	7	6	9	1	8
4	3	7	5	1	2	6	8	9
6	9	8	4	3	7	1	5	2
5	2	1	9	6	8	4	7	3

85

1	6	3	2	8	9	7	4	5
7	5	8	1	4	6	2	3	9
2	4	9	5	7	3	6	1	8
4	8	1	6	5	2	9	7	3
6	7	5	9	3	4	1	8	2
9	3	2	7	1	8	4	5	6
3	1	6	8	2	7	5	9	4
5	2	4	3	9	1	8	6	7
8	9	7	4	6	5	3	2	1

86

5	8	6	1	2	7	4	9	3
2	4	1	5	9	3	6	7	8
9	3	7	8	6	4	5	1	2
7	1	2	6	8	9	3	5	4
6	9	3	4	1	5	2	8	7
8	5	4	7	3	2	1	6	9
3	7	8	2	5	1	9	4	6
1	6	9	3	4	8	7	2	5
4	2	5	9	7	6	8	3	1

87

2	3	7	4	9	6	8	1	5
6	9	1	7	5	8	3	4	2
4	5	8	2	3	1	7	9	6
9	6	3	1	2	5	4	7	8
7	8	5	3	6	4	1	2	9
1	2	4	9	8	7	5	6	3
3	4	2	5	7	9	6	8	1
8	1	9	6	4	3	2	5	7
5	7	6	8	1	2	9	3	4

88

4	3	6	9	2	8	5	7	1
5	2	1	6	7	3	8	9	4
8	9	7	1	5	4	3	2	6
3	7	2	4	9	1	6	8	5
1	4	9	8	6	5	2	3	7
6	8	5	7	3	2	4	1	9
9	5	4	3	8	7	1	6	2
2	6	3	5	1	9	7	4	8
7	1	8	2	4	6	9	5	3

89

6	5	2	9	7	8	4	3	1
7	3	1	6	4	2	5	9	8
9	8	4	1	5	3	7	6	2
8	6	5	2	9	4	1	7	3
1	2	7	3	6	5	9	8	4
4	9	3	7	8	1	6	2	5
3	7	8	4	1	9	2	5	6
2	1	9	5	3	6	8	4	7
5	4	6	8	2	7	3	1	9

90

7	9	5	2	6	1	3	4	8
6	3	1	9	4	8	2	5	7
8	2	4	5	7	3	9	1	6
5	7	9	8	3	6	4	2	1
3	8	6	4	1	2	5	7	9
1	4	2	7	9	5	8	6	3
4	6	7	3	5	9	1	8	2
9	5	8	1	2	7	6	3	4
2	1	3	6	8	4	7	9	5

91

6	7	8	9	2	1	5	3	4
5	1	3	4	8	6	7	2	9
9	4	2	7	5	3	1	6	8
7	6	4	5	3	8	2	9	1
1	3	5	6	9	2	4	8	7
2	8	9	1	7	4	3	5	6
3	2	6	8	4	7	9	1	5
4	5	1	2	6	9	8	7	3
8	9	7	3	1	5	6	4	2

92

5	7	4	2	6	1	3	9	8
3	9	1	7	5	8	2	4	6
2	8	6	9	3	4	5	7	1
4	1	9	5	7	2	6	8	3
6	5	8	3	4	9	1	2	7
7	2	3	8	1	6	9	5	4
9	3	7	6	8	5	4	1	2
8	4	2	1	9	3	7	6	5
1	6	5	4	2	7	8	3	9

93

7	3	8	4	5	2	6	1	9
9	5	1	8	3	6	7	4	2
6	4	2	7	1	9	8	5	3
5	1	4	6	2	8	3	9	7
3	9	6	1	4	7	2	8	5
8	2	7	5	9	3	1	6	4
4	8	9	2	7	1	5	3	6
1	7	3	9	6	5	4	2	8
2	6	5	3	8	4	9	7	1

94

3	4	5	6	8	2	7	9	1
7	6	9	1	3	5	2	4	8
1	8	2	9	7	4	6	5	3
6	1	3	2	5	9	4	8	7
4	5	8	3	1	7	9	2	6
2	9	7	4	6	8	1	3	5
9	3	1	8	2	6	5	7	4
8	7	4	5	9	1	3	6	2
5	2	6	7	4	3	8	1	9

95

5	4	8	9	3	7	6	1	2
3	1	2	5	8	6	7	9	4
9	6	7	2	1	4	5	8	3
1	7	4	8	6	9	2	3	5
2	8	3	4	5	1	9	6	7
6	9	5	3	7	2	8	4	1
4	5	1	7	9	8	3	2	6
7	2	9	6	4	3	1	5	8
8	3	6	1	2	5	4	7	9

96

4	7	5	6	9	1	8	2	3
8	1	2	7	3	5	6	9	4
6	9	3	8	2	4	7	5	1
1	5	7	4	6	8	9	3	2
2	8	9	1	7	3	4	6	5
3	4	6	9	5	2	1	8	7
9	3	4	5	8	7	2	1	6
5	6	1	2	4	9	3	7	8
7	2	8	3	1	6	5	4	9

97

5	8	9	7	6	4	3	1	2
4	2	1	9	3	8	7	6	5
3	6	7	2	1	5	4	8	9
1	9	4	8	7	3	5	2	6
2	5	3	6	9	1	8	4	7
8	7	6	4	5	2	9	3	1
9	1	8	3	2	7	6	5	4
6	3	5	1	4	9	2	7	8
7	4	2	5	8	6	1	9	3

98

8	7	9	1	3	2	5	6	4
4	3	2	5	9	6	1	8	7
5	6	1	4	8	7	9	3	2
1	5	6	8	4	9	7	2	3
7	4	3	2	5	1	6	9	8
9	2	8	7	6	3	4	5	1
3	1	5	6	7	8	2	4	9
6	8	7	9	2	4	3	1	5
2	9	4	3	1	5	8	7	6

99

9	4	5	1	2	6	7	3	8
8	1	6	7	3	5	2	4	9
2	7	3	9	4	8	6	5	1
6	9	4	5	1	3	8	7	2
1	8	2	4	9	7	3	6	5
3	5	7	8	6	2	9	1	4
7	2	1	6	8	4	5	9	3
4	6	8	3	5	9	1	2	7
5	3	9	2	7	1	4	8	6

100

3	5	8	6	1	2	9	4	7
2	7	6	3	9	4	5	8	1
1	9	4	8	7	5	2	3	6
7	6	2	1	5	3	4	9	8
5	8	1	2	4	9	7	6	3
9	4	3	7	8	6	1	5	2
8	1	9	4	6	7	3	2	5
6	2	5	9	3	1	8	7	4
4	3	7	5	2	8	6	1	9

101

8	7	6	9	4	2	5	3	1
9	2	1	7	3	5	6	4	8
4	3	5	1	6	8	9	7	2
1	4	3	6	2	7	8	5	9
6	8	7	3	5	9	1	2	4
5	9	2	4	8	1	7	6	3
2	6	8	5	9	3	4	1	7
7	5	9	2	1	4	3	8	6
3	1	4	8	7	6	2	9	5

102

2	5	6	9	3	8	7	1	4
3	8	9	1	7	4	6	5	2
1	7	4	2	6	5	8	9	3
9	2	8	3	5	7	1	4	6
4	6	3	8	1	2	9	7	5
7	1	5	4	9	6	2	3	8
6	3	1	5	2	9	4	8	7
8	9	2	7	4	3	5	6	1
5	4	7	6	8	1	3	2	9

103

2	4	3	8	5	1	7	6	9
5	8	6	2	7	9	3	1	4
9	1	7	3	4	6	8	2	5
8	7	2	1	6	5	9	4	3
4	9	5	7	2	3	1	8	6
3	6	1	9	8	4	2	5	7
1	2	4	6	3	7	5	9	8
6	3	9	5	1	8	4	7	2
7	5	8	4	9	2	6	3	1

104

8	4	7	6	2	5	1	3	9
6	5	2	3	9	1	7	8	4
9	1	3	8	7	4	2	6	5
3	6	1	9	8	2	4	5	7
4	2	5	1	3	7	6	9	8
7	8	9	5	4	6	3	1	2
1	7	8	4	6	9	5	2	3
5	3	4	2	1	8	9	7	6
2	9	6	7	5	3	8	4	1

105

4	7	2	1	3	9	5	8	6
9	3	1	8	6	5	7	2	4
8	6	5	7	2	4	9	1	3
7	5	6	9	1	2	3	4	8
2	9	3	5	4	8	6	7	1
1	8	4	6	7	3	2	9	5
6	4	8	2	5	7	1	3	9
3	1	7	4	9	6	8	5	2
5	2	9	3	8	1	4	6	7

106

2	3	7	9	5	8	1	4	6
9	5	1	3	4	6	8	7	2
4	6	8	1	7	2	5	3	9
3	4	5	7	6	1	9	2	8
1	2	6	4	8	9	7	5	3
8	7	9	5	2	3	4	6	1
5	8	2	6	1	4	3	9	7
6	9	4	8	3	7	2	1	5
7	1	3	2	9	5	6	8	4

107

4	5	8	6	9	1	3	2	7
1	3	7	8	2	4	5	9	6
2	9	6	3	5	7	8	1	4
8	1	5	4	3	2	7	6	9
7	6	4	5	1	9	2	3	8
3	2	9	7	6	8	4	5	1
9	7	3	2	4	6	1	8	5
6	8	2	1	7	5	9	4	3
5	4	1	9	8	3	6	7	2

108

6	2	1	9	5	4	3	8	7
5	9	7	8	2	3	1	6	4
4	8	3	1	7	6	9	2	5
7	4	2	5	6	9	8	3	1
1	5	8	4	3	2	7	9	6
3	6	9	7	1	8	5	4	2
2	3	5	6	9	1	4	7	8
9	1	4	2	8	7	6	5	3
8	7	6	3	4	5	2	1	9

109

9	5	2	6	4	1	8	7	3
1	6	3	8	9	7	2	5	4
8	7	4	3	5	2	1	6	9
4	2	1	7	3	9	6	8	5
7	9	5	1	8	6	3	4	2
3	8	6	5	2	4	7	9	1
5	3	7	9	1	8	4	2	6
6	4	9	2	7	3	5	1	8
2	1	8	4	6	5	9	3	7

110

1	2	9	5	3	4	6	8	7
3	6	4	7	9	8	1	5	2
5	7	8	1	6	2	3	4	9
2	9	1	6	8	7	4	3	5
4	3	7	9	5	1	8	2	6
8	5	6	2	4	3	9	7	1
7	1	3	8	2	6	5	9	4
6	8	5	4	7	9	2	1	3
9	4	2	3	1	5	7	6	8

111

1	4	8	7	3	6	2	9	5
7	3	6	2	9	5	4	8	1
9	5	2	4	8	1	6	3	7
4	1	7	9	6	3	8	5	2
2	9	5	1	4	8	3	7	6
6	8	3	5	2	7	9	1	4
8	6	1	3	5	4	7	2	9
5	2	4	8	7	9	1	6	3
3	7	9	6	1	2	5	4	8

112

4	7	8	6	3	1	5	9	2
2	9	3	7	5	4	8	6	1
5	1	6	8	9	2	4	3	7
1	2	4	3	7	9	6	5	8
7	6	9	1	8	5	3	2	4
8	3	5	4	2	6	1	7	9
9	4	1	5	6	7	2	8	3
3	5	7	2	1	8	9	4	6
6	8	2	9	4	3	7	1	5

113

4	6	8	9	1	7	2	3	5
9	2	7	5	4	3	1	8	6
5	3	1	6	2	8	7	4	9
8	4	3	2	9	5	6	7	1
2	7	5	3	6	1	8	9	4
1	9	6	7	8	4	3	5	2
3	8	4	1	5	2	9	6	7
6	5	2	8	7	9	4	1	3
7	1	9	4	3	6	5	2	8

114

7	2	9	1	8	3	6	5	4
6	1	3	5	9	4	2	8	7
8	5	4	2	7	6	3	9	1
2	6	1	8	4	5	7	3	9
9	3	8	7	2	1	4	6	5
5	4	7	3	6	9	1	2	8
4	7	2	6	5	8	9	1	3
3	9	5	4	1	2	8	7	6
1	8	6	9	3	7	5	4	2

115

3	2	1	8	6	5	9	7	4
7	9	6	4	3	2	8	1	5
8	4	5	7	9	1	6	3	2
4	3	2	5	8	6	7	9	1
9	1	8	3	2	7	5	4	6
5	6	7	1	4	9	3	2	8
6	8	9	2	7	4	1	5	3
1	7	4	6	5	3	2	8	9
2	5	3	9	1	8	4	6	7

116

8	5	4	2	6	3	1	9	7
7	3	1	5	8	9	6	4	2
2	6	9	1	7	4	8	5	3
6	9	8	4	3	7	5	2	1
5	2	3	9	1	6	7	8	4
1	4	7	8	2	5	3	6	9
9	7	2	3	5	8	4	1	6
4	8	6	7	9	1	2	3	5
3	1	5	6	4	2	9	7	8

117

7	1	6	4	3	9	8	5	2
9	5	3	2	6	8	7	1	4
4	2	8	5	7	1	3	9	6
6	3	5	9	1	2	4	7	8
1	8	4	6	5	7	2	3	9
2	7	9	3	8	4	1	6	5
3	6	7	8	4	5	9	2	1
5	4	2	1	9	3	6	8	7
8	9	1	7	2	6	5	4	3

118

1	3	4	5	7	2	8	6	9
5	9	7	4	8	6	3	2	1
6	2	8	9	3	1	5	4	7
9	8	3	2	1	7	6	5	4
7	1	5	8	6	4	2	9	3
4	6	2	3	5	9	1	7	8
8	5	6	7	9	3	4	1	2
3	4	9	1	2	5	7	8	6
2	7	1	6	4	8	9	3	5

119

6	8	9	1	5	4	3	2	7
2	5	4	6	3	7	9	1	8
3	1	7	2	9	8	6	5	4
7	4	2	8	1	3	5	6	9
8	3	5	4	6	9	2	7	1
1	9	6	5	7	2	4	8	3
5	6	8	3	4	1	7	9	2
9	2	3	7	8	6	1	4	5
4	7	1	9	2	5	8	3	6

120

8	1	3	9	5	7	4	2	6
6	2	7	3	4	8	1	5	9
5	9	4	6	1	2	3	8	7
1	6	5	7	9	4	2	3	8
3	7	2	8	6	5	9	1	4
9	4	8	1	2	3	6	7	5
2	8	6	4	7	1	5	9	3
4	3	1	5	8	9	7	6	2
7	5	9	2	3	6	8	4	1

121

3	9	8	7	2	5	1	4	6
5	6	7	9	4	1	3	2	8
2	4	1	3	6	8	5	7	9
4	8	6	2	3	9	7	5	1
9	5	3	8	1	7	4	6	2
7	1	2	4	5	6	9	8	3
1	2	4	6	7	3	8	9	5
8	7	5	1	9	2	6	3	4
6	3	9	5	8	4	2	1	7

122

7	5	3	1	9	6	4	8	2
4	9	2	7	5	8	1	3	6
6	8	1	3	4	2	7	5	9
1	4	8	5	6	7	9	2	3
2	6	5	4	3	9	8	1	7
9	3	7	8	2	1	5	6	4
8	7	6	2	1	4	3	9	5
5	1	9	6	7	3	2	4	8
3	2	4	9	8	5	6	7	1

123

8	5	1	7	2	9	3	4	6
6	4	3	1	5	8	7	2	9
9	2	7	4	3	6	5	1	8
5	9	4	6	1	7	2	8	3
1	3	6	5	8	2	9	7	4
7	8	2	9	4	3	6	5	1
2	7	9	8	6	1	4	3	5
4	6	8	3	7	5	1	9	2
3	1	5	2	9	4	8	6	7

124

5	1	8	7	9	4	3	6	2
6	3	4	2	8	1	7	5	9
2	7	9	5	6	3	4	8	1
4	8	2	6	7	5	9	1	3
1	6	3	8	4	9	2	7	5
7	9	5	3	1	2	8	4	6
9	5	6	4	3	7	1	2	8
3	2	7	1	5	8	6	9	4
8	4	1	9	2	6	5	3	7

125

8	1	3	6	7	9	2	4	5
4	5	9	2	1	3	7	6	8
6	2	7	8	5	4	9	3	1
7	6	2	1	3	5	8	9	4
1	4	8	7	9	2	6	5	3
9	3	5	4	8	6	1	2	7
2	8	6	5	4	1	3	7	9
5	9	1	3	6	7	4	8	2
3	7	4	9	2	8	5	1	6

126

1	9	3	7	6	4	5	2	8
7	2	6	8	9	5	3	4	1
5	8	4	2	3	1	6	7	9
8	6	5	9	4	2	1	3	7
4	1	7	3	5	8	9	6	2
2	3	9	6	1	7	8	5	4
3	4	8	1	7	6	2	9	5
9	5	1	4	2	3	7	8	6
6	7	2	5	8	9	4	1	3

127

4	6	9	3	7	8	5	2	1
3	1	8	9	5	2	4	6	7
2	7	5	6	4	1	9	8	3
9	3	2	1	8	7	6	4	5
6	8	4	2	3	5	7	1	9
1	5	7	4	9	6	2	3	8
7	9	3	8	2	4	1	5	6
8	2	1	5	6	9	3	7	4
5	4	6	7	1	3	8	9	2

128

1	2	5	4	6	8	9	7	3
7	4	3	2	5	9	6	8	1
8	9	6	7	1	3	5	4	2
2	5	4	3	8	1	7	9	6
6	8	9	5	7	2	1	3	4
3	1	7	6	9	4	8	2	5
4	7	8	1	2	6	3	5	9
5	6	2	9	3	7	4	1	8
9	3	1	8	4	5	2	6	7

129

3	8	6	9	5	1	2	7	4
9	4	2	7	6	8	5	3	1
5	7	1	2	3	4	6	9	8
7	3	4	5	2	9	1	8	6
6	5	8	3	1	7	4	2	9
1	2	9	8	4	6	3	5	7
8	1	3	6	7	5	9	4	2
4	9	5	1	8	2	7	6	3
2	6	7	4	9	3	8	1	5

130

3	2	8	1	9	4	6	7	5
7	1	4	5	2	6	3	8	9
9	6	5	8	3	7	1	2	4
4	5	1	6	8	2	9	3	7
2	3	9	7	4	1	5	6	8
8	7	6	3	5	9	4	1	2
6	4	7	9	1	8	2	5	3
5	8	2	4	6	3	7	9	1
1	9	3	2	7	5	8	4	6

131

5	6	9	2	4	8	1	3	7
4	1	7	3	9	5	8	2	6
8	2	3	1	6	7	4	5	9
9	4	5	8	7	6	3	1	2
6	3	8	9	2	1	5	7	4
1	7	2	5	3	4	6	9	8
7	9	1	4	8	3	2	6	5
3	8	6	7	5	2	9	4	1
2	5	4	6	1	9	7	8	3

132

2	4	6	1	9	8	5	7	3
5	9	3	6	2	7	8	1	4
1	7	8	5	3	4	9	2	6
7	8	2	9	4	5	6	3	1
6	5	9	3	1	2	4	8	7
3	1	4	7	8	6	2	9	5
4	3	7	8	5	9	1	6	2
8	6	5	2	7	1	3	4	9
9	2	1	4	6	3	7	5	8

133

2	1	7	4	3	8	6	9	5
8	5	6	7	2	9	4	1	3
3	9	4	5	1	6	8	7	2
7	8	3	6	9	2	1	5	4
9	6	1	3	4	5	2	8	7
4	2	5	8	7	1	9	3	6
6	7	9	2	8	3	5	4	1
5	3	8	1	6	4	7	2	9
1	4	2	9	5	7	3	6	8

134

2	1	7	5	8	9	4	6	3
4	8	3	7	2	6	9	1	5
6	5	9	1	3	4	8	2	7
9	4	6	3	7	1	5	8	2
5	7	2	9	6	8	1	3	4
1	3	8	2	4	5	6	7	9
7	6	1	4	9	2	3	5	8
8	2	4	6	5	3	7	9	1
3	9	5	8	1	7	2	4	6

135

5	1	9	4	3	7	2	6	8
8	7	6	1	5	2	3	4	9
4	3	2	9	8	6	5	7	1
9	5	7	2	6	4	1	8	3
6	2	4	8	1	3	9	5	7
3	8	1	5	7	9	6	2	4
2	6	3	7	4	1	8	9	5
1	4	8	6	9	5	7	3	2
7	9	5	3	2	8	4	1	6

136

1	6	2	7	5	3	4	8	9
5	7	9	4	2	8	1	6	3
8	3	4	1	9	6	7	2	5
7	1	6	3	4	2	9	5	8
4	8	3	5	6	9	2	1	7
2	9	5	8	7	1	3	4	6
3	2	1	9	8	5	6	7	4
6	4	8	2	3	7	5	9	1
9	5	7	6	1	4	8	3	2

137

1	2	7	9	8	4	6	5	3
3	5	6	7	2	1	4	9	8
4	8	9	6	3	5	1	7	2
8	7	1	3	6	2	5	4	9
2	9	5	4	1	7	3	8	6
6	4	3	8	5	9	2	1	7
7	6	2	5	4	8	9	3	1
5	1	8	2	9	3	7	6	4
9	3	4	1	7	6	8	2	5

138

9	5	8	6	3	1	7	4	2
6	4	1	7	5	2	9	3	8
2	3	7	4	9	8	5	6	1
4	7	6	8	1	3	2	5	9
8	2	5	9	6	7	4	1	3
3	1	9	2	4	5	8	7	6
7	9	4	3	2	6	1	8	5
1	6	2	5	8	4	3	9	7
5	8	3	1	7	9	6	2	4

139

7	9	2	3	5	4	6	8	1
5	6	1	9	8	7	4	2	3
8	3	4	6	2	1	9	7	5
1	8	7	2	9	5	3	6	4
4	5	9	7	3	6	2	1	8
3	2	6	4	1	8	7	5	9
9	7	8	1	6	3	5	4	2
2	4	5	8	7	9	1	3	6
6	1	3	5	4	2	8	9	7

140

1	2	4	3	9	7	6	5	8
8	5	9	4	2	6	1	7	3
3	6	7	8	5	1	9	2	4
6	1	3	5	4	8	7	9	2
4	7	2	6	1	9	3	8	5
5	9	8	7	3	2	4	6	1
7	8	5	1	6	3	2	4	9
9	3	6	2	8	4	5	1	7
2	4	1	9	7	5	8	3	6

141

9	7	3	4	1	6	5	8	2
5	8	6	7	3	2	1	4	9
1	2	4	5	8	9	6	3	7
3	6	5	2	9	4	7	1	8
4	1	7	6	5	8	2	9	3
2	9	8	3	7	1	4	6	5
7	4	9	1	2	3	8	5	6
8	5	1	9	6	7	3	2	4
6	3	2	8	4	5	9	7	1

142

8	3	7	5	4	9	6	1	2
2	5	9	1	8	6	7	4	3
6	4	1	7	3	2	8	9	5
3	2	8	9	5	7	4	6	1
9	6	4	2	1	3	5	8	7
7	1	5	8	6	4	3	2	9
4	7	6	3	9	1	2	5	8
5	9	3	6	2	8	1	7	4
1	8	2	4	7	5	9	3	6

143

7	1	5	3	6	4	9	8	2
4	8	6	5	9	2	1	3	7
9	2	3	7	1	8	5	6	4
6	4	1	2	8	9	3	7	5
2	5	8	4	3	7	6	1	9
3	7	9	1	5	6	4	2	8
8	9	2	6	4	1	7	5	3
5	6	7	9	2	3	8	4	1
1	3	4	8	7	5	2	9	6

144

8	1	6	4	2	5	9	7	3
3	9	4	7	1	8	2	6	5
5	7	2	6	3	9	8	4	1
6	8	7	2	9	3	5	1	4
2	4	1	8	5	6	7	3	9
9	3	5	1	7	4	6	8	2
7	2	9	3	6	1	4	5	8
4	6	3	5	8	2	1	9	7
1	5	8	9	4	7	3	2	6

145

9	2	6	8	5	3	1	4	7
1	5	4	7	2	6	9	8	3
7	3	8	9	1	4	5	2	6
3	1	9	6	8	2	7	5	4
8	6	7	4	9	5	2	3	1
5	4	2	3	7	1	6	9	8
4	7	5	1	3	9	8	6	2
6	9	1	2	4	8	3	7	5
2	8	3	5	6	7	4	1	9

146

1	6	4	2	3	5	9	8	7
8	7	2	9	6	4	1	3	5
3	5	9	7	8	1	4	6	2
5	2	3	4	1	7	6	9	8
4	1	8	6	2	9	5	7	3
6	9	7	3	5	8	2	1	4
7	3	5	1	4	6	8	2	9
2	4	6	8	9	3	7	5	1
9	8	1	5	7	2	3	4	6

147

2	5	8	7	9	6	1	3	4
6	3	1	5	4	2	9	7	8
9	4	7	1	8	3	2	6	5
4	7	9	6	3	1	5	8	2
1	8	2	9	7	5	6	4	3
5	6	3	4	2	8	7	1	9
3	9	6	2	1	4	8	5	7
8	2	5	3	6	7	4	9	1
7	1	4	8	5	9	3	2	6

148

4	5	7	9	8	3	6	1	2
9	2	3	1	6	7	4	5	8
6	1	8	4	2	5	9	3	7
8	3	9	5	7	1	2	4	6
7	4	5	6	3	2	8	9	1
1	6	2	8	9	4	3	7	5
2	8	4	7	5	9	1	6	3
3	7	1	2	4	6	5	8	9
5	9	6	3	1	8	7	2	4

149

6	3	5	7	4	1	9	8	2
1	4	9	2	3	8	7	6	5
2	8	7	9	6	5	3	1	4
7	2	1	8	5	6	4	9	3
8	6	4	3	9	2	1	5	7
5	9	3	1	7	4	8	2	6
3	1	2	5	8	7	6	4	9
4	7	8	6	2	9	5	3	1
9	5	6	4	1	3	2	7	8

150

7	3	2	6	8	1	4	9	5
6	1	5	9	2	4	8	3	7
4	8	9	5	3	7	2	6	1
2	7	3	8	4	6	5	1	9
8	9	1	2	7	5	6	4	3
5	4	6	3	1	9	7	8	2
1	2	8	4	5	3	9	7	6
9	5	7	1	6	8	3	2	4
3	6	4	7	9	2	1	5	8